Jerry Marcellino

Der verlorene Schatz der Familienandacht

W0389590

Jerry Marcellino

Der verlorene Schatz der Familienandacht

Die Wiederentdeckung des Gottesdienstes als Familie

betanien

www.reformierte-baptisten.de

Wir unterstützen Gläubige und Gemeinden, die sich dem Baptistischen Glaubensbekenntnis von 1689 verpflichtet wissen.

Verrücke nicht die uralte Grenze, die deine Väter gemacht haben.

Sprüche 22,28

1. Auflage 2006

Titel der Originalausgabe: Rediscovering the Lost Treasure of Family Worship (Audubon Press)
© 1996 by Jerry Marcellino
© der deutschen Übersetzung 2006 by Robert und Corinna Kunstmann (Übersetzer), reformierte-baptisten.de
Die Bibeltexte wurden weitgehend nach der Revidierten Elberfelder Bibel (1985/1991) zitiert.
Herausgeber: Betanien Verlag
Postfach 14 57 · 33807 Oerlinghausen
www.betanien.de · info@betanien.de
Umschlaggestaltung: Oleksandr Hudim, Berlin
Titelbild: Familie Green aus Berlin mit drei ihrer neun Kinder bei einer ihrer regelmäßigen Familienandachten
Herstellung: Ebner & Spiegel, Ulm

ISBN 3-935558-13-9

Inhaltsverzeichnis

Vorwort zur deutschen Ausgabe

Was kennzeichnet eine christliche Familie aus biblischer Sicht? Stellt sich diese Frage nicht all jenen, die ihren Herrn lieben und ihm auch gerade in ihrer Ehe und Familie die Ehre geben wollen? Sicherlich gehört dazu, dass die Beziehungen zwischen Ehepartnern und Kindern von Heiligkeit und Gottesliebe geprägt sind, was nur durch die Kraft des Wortes Gottes möglich ist (Kolosser 3,16), und dass Kinder in ihrer Familie regelmäßig und durch ihre ganze Kindheit hindurch das Wort Gottes vermittelt bekommen.

Deshalb ist die tägliche Familienandacht in einer christlichen Familie eigentlich selbstverständlich. Zumindest sollte sie es sein.

Aber ist es in Wirklichkeit nicht so, dass die tägliche Familienandacht in vielen christlichen Familien kaum noch praktiziert wird?

Jerry Marcellino[1] plädiert engagiert dafür, die tägliche Familienandacht als Keimzelle geistlichen Lebens in der Familie wieder neu zu entdecken. Damit befreit er einen unermesslich kostbaren Schatz vom Staub der Jahre. Wie lange hat man diesen Schatz achtlos vernachlässigt, oft sogar völlig vergessen! Wie viele Familien suchen mittlerweile geistliche Nahrung und Gemeinschaft außerhalb der eigenen Familie in zahllosen Gruppen, Kleingruppen und Veranstaltungen. Für jeden gibt es etwas: Frauenkreis, Männerkreis, Kinderstunde, Jugendstunde etc. Oft ohne es zu merken, hat hier schon manch einer auf dem Altar des gut gemeinten Aktivismus das gemeinsame geistliche Leben als Familie geopfert!

[1] Jerry Marcellino ist Pastor der Audubon Drive Bible Church in Laurel, Mississippi (USA), Direktor der Audubon Press und Moderator der Fellowship of Reformed Evangelicals (FIRE).

Erfrischend leidenschaftlich setzt sich Marcellino vor diesem Hintergrund für die natürliche und in der Bibel beschriebene Kleingruppe der Familie ein. Hier ist der geistliche Nährboden für die Gemeinde und die Gesellschaft. Hier hören Kinder gläubiger Eltern zuerst von Jesus Christus und dem Heil, das er erwirkt hat. Gott hat doch seinem Volk nicht ohne Grund diese »segensnotwendige« Verordnung für geistliches Leben innerhalb der Familie gegeben: »Diese Worte ... sollst du deinen Kindern einschärfen ... wenn du in deinem Hause sitzt und wenn du auf dem Weg gehst und wenn du dich hinlegst und wenn du aufstehst ... du sollst sie an die Pfosten deines Hauses und an deine Tore schreiben ...« (5. Mose 6,4-9; vgl. Psalm 78,3-6). Würde ein breites Wiederaufleben der so sehr vernachlässigten Familienandacht langfristig nicht auch zu dem von vielen ersehnten geistlichen Aufleben der christlichen Gemeinde führen? Ist nicht gerade hier der von der Bibel beschriebene Ort, an dem geistliche Erweckung beginnt, eine Erweckung, die auch unser Land so dringend braucht? Jesaja mahnt uns: »Hin zur Weisung und zur Offenbarung! Wenn sie nicht nach diesem Wort sprechen, dann gibt es für sie keine Morgenröte« (Jesaja 8,20).

Seit einiger Zeit haben gerade im angelsächsischen Bereich viele geistliche Leiter den Wert der Familienandacht wieder neu entdeckt und gefördert. Auch mit meiner Familie erlebe ich seit einigen Jahren, welch geistlicher Segen daraus hervorkommt. Sollte eine segensreiche Wiederentdeckung dieses lange verborgenen Schatzes nicht auch im Land der Reformation wieder vielen Gläubigen den geistlichen Hunger stillen?

Um auch hierzulande diesen unentbehrlichen Wert der Familienandacht wieder ins Bewusstsein zu rufen, liegt mir daher eine Übersetzung und Veröffentlichung des vorliegenden Buches sehr am Herzen, zumal meines Wissens derzeit auf Deutsch kein anderes Buch zu diesem Thema erhältlich ist.

So bleibt zu wünschen, dass viele Familien durch dieses Buch ermutigt werden, den biblischen Schatz der täglichen Familienandacht für sich selbst wieder neu zu entdecken.

Und da es manchen Ehepaaren und Familien vielleicht schwer fallen könnte, als Einzelne einfach mit Familienandachten zu beginnen oder sie eine über dieses Buch hinausgehende Hilfestellung benötigen, wäre es sicher wünschenswert, dass dieses Thema von den Hirten der Gemeinde aufgegriffen, gelehrt, gepredigt und liebevoll vermittelt wird, auf dass in unseren Familien, unseren Gemeinden und in unserem Land eine neue Morgenröte geistlicher Erweckung anbricht.[2]

Soli Deo gloria
Robert Kunstmann

[2] Auch wir werden, so weit uns dies möglich ist, dieses Anliegen aktiv fördern und unterstützen. Sie finden uns im Internet unter www.reformierte-baptisten.de.

Einleitung

Da ein Christ nicht sich selbst gehört, sondern mit einem Preis erkauft wurde, soll er darauf bedacht sein, Gott in jeder Lebenssituation zu verherrlichen. Egal, welche Stellung er innehat oder an welchem Ort er sich befindet, er soll ein Zeugnis für Christus sein. Neben der Gemeinde Gottes soll sein eigenes Heim der Bereich sein, in dem seine Hingabe an Christus am deutlichsten wird. Alle Gepflogenheiten sollten das Siegel seiner himmlischen Berufung tragen. Alle Gewohnheiten sollten so angelegt sein, dass jeder, der eintritt, merkt: »Gott ist hier!«

– Arthur W. Pink

Aus irgendeinem unerklärlichen Grund verleitet der Fortschritt die Menschen häufig dazu, die Vergangenheit als etwas zu betrachten, was nichts Wertvolles mehr zu bieten hat. Dies gilt in besonderem Maß für heutige Generation, die in einem vereinsamten Zeitalter von Weltraumforschung, CD-Roms, Internet und Handy-Technologie lebt. Selbst unter den bekennenden Christen gibt es heute eine unterschwellige Ablehnung des historischen Christentums um den Preis, dass sie ständig – ohne zu wissen weshalb – ruhelos ihren oberflächlichen Modeerscheinungen nachjagen.

Doch was kann die heutige Christenheit wieder zu einer Christenheit machen, die als Salz wirksam ist (Matthäus 5,13)? Was kann die moderne Christenheit erneut zu einer Christenheit werden lassen, die in einer vergänglichen Gesellschaft als Konservierungsmittel wirkt? Was kann einer Nation von Familien, die sich in einem furchtbar zerrütteten Zustand befinden, eine gewisse Hoffnung vermitteln? Die Antwort lautet: eine erneute Hinwendung zu den Pfaden der Vorzeit. Der Prophet Jeremia sagte einst:

> ... fragt nach den Pfaden der Vorzeit, wo denn der Weg zum Guten sei, und geht ihn! So werdet ihr Ruhe finden für eure Seelen (Jeremia 6,16).

Die Puritaner am Anfang der US-amerikanischen Geschichte führen uns dabei als gutes Beispiel in das Thema ein.

> Lasst mich deshalb nun noch einmal, bevor ich aufhöre zu dieser Gemeinde zu sprechen, mit ernstem Nachdruck den Rat wiederholen, den ich Familienhäuptern häufig dringend angeraten habe, während ich ihr Pastor war, nämlich: Dass sie mit größtmöglicher Mühe ihre Kinder lehren, warnen und anleiten sollen, indem sie diese in der Zucht und der Ermahnung des Herrn großziehen, wobei sie – sofern das noch möglich ist – früh damit anfangen und mit beständigem Eifer in diesemWerk fortfahren sollten.
>
> – Jonathan Edwards

Eine Lektion aus der Vergangenheit

Die Puritaner Neuenglands verglichen gerne ihr Wagnis in Amerika mit der Entstehung Israels. Sie glaubten auch, dass ihre Flucht aus Europa dem Auszug aus Ägypten gleichkam. Oft nannten sie Amerika das »Gelobte Land«.[3] Die Gemeinde der Gläubigen in der »Stadt auf dem Berg« sollte ein Lichtsein für die anderen Nationen der Welt, so wie Gott es für Israel vorgesehen hatte (Jesaja 49,6).

Dieses Vorbild lässt sich sehr klar und deutlich in der Frage nach der Familienandacht

[3] Cotton Mather, *The Great Works of Christ in America*, Bd. 1 (Edinburgh: Banner of Truth Trust, 1979 [1702/1852]), S. 48.

wiederfinden. Wie im Alten Testament wurde hier von dem puritanischen Vater erwartet, dass er der religiöse Führer in der Familie ist, von Gott dazu bestimmt, seine Familie täglich in der Anbetung Jahwes zu leiten. Diese Gewohnheit betrachtete man als das allerwichtigste Mittel, um den christlichen Glauben auf amerikanischem Boden zu bewahren. Wie in Israel waren jedoch noch keine hundert Jahre vergangen, als genau in diesem Bereich schon eine große Abtrünnigkeit vorherrschte. Hören wir auf die Beobachtungen aus jener Zeit:

- 1697 trat in Boston die Synode Neuenglands zusammen, nachdem sie vom obersten Gericht der Massachusetts Kolonie einberufen worden war, um auf folgende Frage eine Antwort zu finden: *Was sind die Übel, die den Herrn dazu gereizt haben, über Neuengland Strafen zu bringen?* Diese angesehenen Gemeindeleiter antworteten mit vierzehn Gründen, von denen der sechste so lautete:

  »Es gibt viele Familien, die nicht morgens und abends anhaltend zu Gott beten, und noch mehr, in denen die Heilige Schrift nicht täglich gelesen wird, so dass das Wort Christi reichlich unter ihnen wohne. Es gibt zu viele Häuser, die voll von Unwissenheit und Gottlosigkeit sind und die nicht ausreichend überprüft werden. Aus diesem Grund kommt auf andere in ihrer Umgebung wie auch auf sie selbst Gottes Zorn (Josua 22,20; Jeremia 5,7; 10,25). Viele Haushaltvorstände, die sich zum Glauben bekennen, kümmern sich nicht so wie sie es sollten darum, dass sich alle, die unter ihrem Dach leben, der guten Weisung fügen (2. Mose 20,10) … Die meisten Übel, die bei uns häufig vorkommen, entspringen der mangelnden Leitung in der Familie.«[4]

- 1766, ein Jahrhundert später, schrieb der große amerikanische Führer unter den Baptisten, Isaak Backus (1724 – 1806), über seine Generation:

[4] Richard Owen Roberts, *Sanctify the Congregation* (Wheaton: International Awakening Press, 1994), S. 24.

»Neuengland war früher ein Ort, der für seine Religiosität bekannt war, ganz besonders für den Gottesdienst in der Familie. Doch in letzter Zeit hat die Vernachlässigung desselben – ebenso wie die Vernachlässigung anderer religiöser Pflichten – ganz offensichtlich zugenommen, was den frommen Seelen viel Kummer bereitet. Doch leider habe ich nichts davon gehört, dass all die vielen Jahre hindurch auch nur eine Abhandlung über dieses Thema veröffentlicht worden wäre …, so dass in letzter Zeit in einigen Landesteilen eine erstaunliche Anzahl Leute erweckt wurde, die unter Vernachlässigung des Familiengebets aufgewachsen sind und die noch immer keine biblische Begründung für dessen tägliche Ausübung nennen können.«[5]

- Schließlich kommentierte 1847 der ehrwürdige presbyterianische Pastor James W. Alexander den offenkundigen Rück-

[5] Alvah Hovey, *The Life and Times of the Reverend Isaak Backus* (Harrisonburg, VA: Gano Books, 1991 [1858]), S. 149.

gang dieser sehr gesegneten Pflicht folgendermaßen:

»Unsere Gemeinde kann sich in dieser Hinsicht nicht mit der des siebzehnten Jahrhunderts vergleichen. Zusammen mit der Einhaltung des Sabbats[6] und der Katechese der Kinder hat auch die Familienandacht an Boden verloren. Es gibt viele Familienhäupter und Teilnehmer am Abendmahl in unseren Gemeinden und (nach einem kaum zu glaubenden Bericht) einige leitende Älteste und Diakone, die an ihrem Wohnsitz keinen täglich festgelegten Gottesdienst aufrechterhalten.«[7]

Diese traurigen Berichte aus dem 17., 18. und 19. Jahrhundert verlieren an Bedeutung, wenn man sie mit den viel schlimmeren Beobachtungen vergleicht, die in unserer eige-

[6] Gemeint ist hier der Sonntag als der christliche Sabbat. (Anm. d. Übers.).

[7] James W. Alexander, *Thoughts on Family Worship* (Morgan, PA: Soli Deo Gloria Publications, 1990), S. 1-2.

nen Zeit gemacht werden könnten. Dieser Niedergang schritt ständig weiter voran, so dass der frühere Eifer kaum oder niemals wieder erlangt wurde. Dennoch lehrt uns das Wort Gottes, dass solche Zeiten nicht von ewiger Dauer sind. Psalm 22,27 erinnert uns daran, dass eines Tages *alle Geschlechter der Heiden Gott anbeten werden.* Mit dieser Hoffnung in Händen ist es unsere Pflicht, das Feuer wieder anzufachen, das in der Lage ist, ein lebendiges Christentum in unserem Land wiederherzustellen.

> Die Familienandacht zeichnet sich als ein geistlicher Dienst in hohem Maße dadurch aus, dass sie in Zeiten, in denen Irrtum und Weltlichkeit in die Gemeinde Einzug halten, dahinschmachtet und vergeht.
>
> – James W. Alexander

Kein Mann kann der Pflicht, seine Familie in der Andacht zu leiten, nachkommen, ohne sich ernsthaft darauf zu besinnen, welche Stellung er ihr gegenüber einnimmt. Er ist ihr Haupt. Er ist dies, weil Gott es unabänderlich so festgelegt hat. Dies sind Pflichten und Vorrechte, die nicht geändert werden können.

– James W. Alexander

Vier Gründe für die Familienandacht

Welche überzeugenden Gründe gibt es, die Familienandacht in unseren Gemeinden wieder einzuführen? Und noch viel wichtiger: Warum sollten Sie in Ihrem eigenen Heim eine tägliche Familienandacht einrichten? Hier sind vier Gründe dafür:

1. *Wir sind Verwalter von Gottes Gaben.*

Der Psalmist sagt, dass Kinder buchstäblich Gottes Geschenke an uns sind (Psalm 127,3). Dies erklärt, weshalb Gott das Volk in Jerusalem zur Zeit Hesekiels dafür verurteilt, dass sie ihre Kinder den Götzen opferten. Durch ihr Handeln haben sie seinen eigenen kostbaren Besitz zerstört. Hören wir Gottes Wort:

> Und du nahmst deine Söhne und deine Töchter, die du mir geboren, und opfertest sie ihnen zum Fraß. War es zu wenig mit deiner Hurerei, dass du meine Söhne schlachtetest und sie hingabst, indem du sie für sie durch das Feuer gehen ließest?
>
> Hesekiel 16,20-21

Übersehen Sie nicht diese wichtige Wahrheit: Unsere Kinder gehören Gott. Und wir sind die von Gott bestimmten Hüter dieser Seelen, die niemals sterben werden. Wir werden dafür zur Verantwortung gezogen, was wir mit den Kindern tun, die er uns anvertraut hat. Das bedeutet, dass wir jedes Mittel gebrauchen sollten, das Gott uns gegeben hat, um sie mit dem Evangelium unseres Herrn Jesus Christus zu erreichen.

Derartige Bemühungen werden immer von einem Verständnis für unsere geistliche Verantwortung begleitet, den Glauben für die nächste Generation zu erhalten (Psalm 78,1-8; Römer 14,7). Professor Neil Postman brachte diese Einsicht wunderschön auf den Punkt: *Kinder sind lebendige Botschaften, die wir in eine Zeit senden, die wir nicht mehr sehen werden.* Gott überträgt uns diese Aufgabe für nur kurze Zeit, wobei er erwartet, dass wir gute Hüter dieser kleinen kostbaren Geschenke sind. Wir sollen sie in einem Umfeld großziehen, in dem sie vom Evangelium geprägt werden, damit sie ihn kennen lernen. Dann können auch sie Gott

> Wir sollten uns so herzlich um unsere Kinder bemühen, wie Paulus es um die Galater tat, die er seine Kinder nannte, für die er abermals Geburtswehen erleidet, bis Christus in ihnen Gestalt gewonnen hat.

schließlich in späteren Generationen bekannt machen, die noch nicht einmal geboren sind (Psalm 22,31). So beabsichtigt Gott für uns, sein Königreich zu verbreiten und von Generation zu Generation in erster Linie durch gottesfürchtige Familien weiterzutragen (Maleachi 2,15).

Wir sollten uns so herzlich um unsere Kinder bemühen, wie Paulus es um die Galater tat, die er seine Kinder nannte, für die er abermals Geburtswehen erleidet, bis Christus in ihnen Gestalt gewonnen hat (Galater 4,19). Paulus spricht hier über solche, die zur Gemeinde gehören und die regelmäßig Gottes Wort hören. Wie Paulus sollen wir bis an den Punkt, dass wir quasi Geburtswehen erleiden, unermüdlich durchhalten, bis dahin, dass wir schließlich Christus in unseren Kindern Gestalt gewinnen sehen.

Wenn Christus unser Leben ist, dann werden wir mit jedem Atemzug, den Gott uns schenkt, danach streben, Christus unseren Kindern nahe zu bringen, mit unseren Leben genauso wie mit unseren Worten (Apostelgeschichte 13,36; Psalm 78,1-8; Maleachi 2,15). Die Heilige Schrift macht unmissverständlich klar: Wir dürfen nicht nur für uns selbst leben (Römer 14,7-9), sondern auch für die kommende Generation (Psalm 102,18).

2. Ihr Kind lebt auf Grund Gottes souveräner Absicht in Ihrem Haus.

Wir müssen erkennen, dass Gottes gute Hand über unseren Kindern ist, da er sie in unsere gläubigen Familien hineingebracht hat. Tatsächlich ist es so, dass selbst in einer Familie, in der nur ein Elternteil gläubig ist, Gottes Segen immer noch auf dieser Familie ruht, wie es im Ersten Korintherbrief erklärt wird:

> Den übrigen aber sage ich, nicht der Herr: Wenn ein Bruder eine ungläubige Frau hat und sie willigt ein, bei ihm zu wohnen, so entlasse er sie nicht. Und eine Frau, die einen ungläubigen Mann hat, und der willigt ein, bei ihr zu wohnen, entlasse den Mann nicht. Denn der ungläubige Mann ist durch die Frau geheiligt, und die ungläubige Frau ist durch den Bruder geheiligt; sonst wären ja eure Kinder unrein, nun aber sind sie heilig.
>
> 1. Korinther 7,12-14

Ihr Kind kann nicht irgendwie durch Osmose oder Blutsverwandtschaft vom Heil angesteckt werden. Vielmehr empfängt das Kind dadurch vom Himmel her einen heiligenden Einfluss, dass es im Einflussbereich des Evangeliums lebt. Weil Gott in seiner souveränen Gnade und in seiner Vorsehung einige Kinder in eine Familie gebracht hat, in der das Evangelium gelebt und gelehrt wird, haben alle gläubigen Eltern guten Grund zu der Hoffnung, dass Gott beabsichtigt, sie auch zu erretten (Johannes 5,34; 2. Petrus 3,15).

Paulus fährt in 1. Korinther 1,16 fort: *Denn was weißt du, Frau, ob du den Mann erretten wirst? Oder was weißt du, Mann, ob du die Frau erretten wirst?* Mit anderen Worten: Wenn dein ungläubiger Ehepartner mit dir zusammenleben will, dann schicke ihn nicht weg – sei dankbar für die Möglichkeit ihn weiter beeinflussen zu können. Und wenn ein einzelner gläubiger Ehepartner einen ungläubigen Ehepartner beeinflussen kann, dann kann sicher ein einzelnes gläubiges Elternteil auch seine Kinder beeinflussen.

Timotheus ist hierfür ein gutes Beispiel. Apostelgeschichte 16,1 sagt uns, dass er zwar in einer Familie aufwuchs, in der der

Vater ein ungläubiger Grieche war. Dennoch lehrten ihn seine gläubige Mutter und Großmutter erfolgreich die Heiligen Schriften, die Kraft hatten, ihn *weise zu machen zur Rettung durch den Glauben, der in Christus Jesus ist* (2. Timotheus 1,5; 3,15). Timotheus wurde ein einflussreicher Diener des Evangeliums, den Gott reichlich gebrauchte, obwohl er einen ungläubigen Vater hatte.

Nun genügt es nicht, dass wir Gottes souveräne Inszenierung in unseren Familien anerkennen. Wir müssen auch jedes von Gott verordnete Mittel gebrauchen, um unsere Kleinen zu erreichen, indem wir versuchen, auf verantwortliche Weise die tägliche Familienandacht einzuführen und beständig zu pflegen.

Tatsächlich befiehlt Gott dieses Ideal. Er sagt in Prediger 12,1: *Denke an deinen Schöpfer in den Tagen deiner Jugendzeit.* Wie sollte ein Kind seinen Schöpfer in seiner Jugendzeit kennen lernen, wenn er ihm nicht täglich durch seine Eltern nahe gebracht würde? Gott möchte, dass Eltern jedes erdenkliche Mittel gebrauchen, um ihre Kinder zu erreichen, solange sie jung und zart sind und dass die Kinder auf ganz natürliche Weise durch ihre Eltern geprägt werden, besonders durch ihre natürliche Zuneigung ihnen gegenüber.

3. Die Familienandacht bereitet uns auf den öffentlichen Gottesdienst vor.

Die Familienandacht steht jedoch nicht zusammenhanglos für sich alleine da. Wir müssen ihn als einen wesentlichen Bestandteil dessen begreifen, wie Gott auf drei unterschiedliche Weisen verherrlicht wird: durch persönlichen Gottesdienst (»Stille Zeit«), den Gottesdienst in der Familie (»Familienandacht«) und den öffentlichen Gottesdienst. Nur unser persönlicher Gottesdienst, der Ausgangspunkt und Grundlage all dessen ist, was wir als Christen tun, wird uns ausreichend zurüsten, unsere Familie zu beeinflussen, die Gott uns in seiner Gnade anvertraut hat.

Unser eigenes Leben muss ein gottesfürchtiges, integres und von Liebe geprägtes Vorbild für unsere Kinder sein, voll Freude und Jubel über Gott. Als solche Vorbilder werden wir versuchen, freudig Gott und sein Wort in unsere Familien hineinzubringen. Wir werden beständig danach trachten, dass sich Gottes Vorstellung durchsetzt. Wir werden von der Herrlichkeit Gottes sprechen und Gott preisen. Und wenn in einer Familie diese Dinge ständig vorhanden sind, ist es viel wahrscheinlicher, dass eine solche Familie am Tag des Herrn mit der Bereitschaft zum Haus Gottes kommt, Gott inbrünstig im

> Die Leblosigkeit, die man in unseren Tagen in so vielen Gemeinden erfährt, lässt sich direkt auf die vielen Familien in diesen Gemeinden zurückführen, die nur Sonntag-Morgen-Christen sind.

Geist und in der Wahrheit anzubeten (Johannes 4,19-24). Die Familie wird Gott durch ihren Lebensstil bereits in den vorangegangenen sechs Tagen verherrlicht haben, sowohl im persönlichen Gottesdienst als auch im Gottesdienst in der Familie, so dass der öffentliche Gottesdienst ganz natürlich daraus hervorgeht. Kinder, die in einer solchen Familie aufwachsen, wissen, dass Gottesdienst nicht etwas ist, was man an- und ausschalten kann. Gottesdienst wird von ihnen als etwas verstanden werden, was das ganze Leben ausmacht (5. Mose 6,6-9). Sie werden den Höhepunkt ihrer täglichen geistlichen Übungen zu Hause in einem »Familiengottesdienst« erleben, zu dem Lobpreis, Gebet und Gottes Wort gehört. Schon früh werden sie durch ein solch anbetendes und fruchtbares Zuhause lernen, dass der Tag des Herrn ein gesegneter Tag ist, das Crescendo all dessen, was sie die ganze Woche hindurch getan haben – Gott im ganzen Leben zu verherrlichen!

Die Leblosigkeit, die man in unseren Tagen in so vielen Gemeinden erfährt, lässt sich direkt auf die vielen Familien in diesen Gemeinden zurückführen, die nur Sonntag-Morgen-Christen sind. Wo nicht jeder Einzelne Gott im Privatleben stetig verherrlicht, liegt die Ursache für solche Leblosigkeit offen auf der Hand. Statistiken zeigen, dass nur 11 Prozent aller bekennenden Christen in Amerika einmal täglich in ihrer Bibel oder in Teilen davon lesen. Wenn nur so wenige bekennende Christen Zeit allein mit Gott verbringen, dann sollte es nicht verwundern, dass es in den Familien bekennender Christen praktisch gar keine Familienandacht gibt.

Wenn Väter täglich die Gegenwart Gottes erleben und in ihrer Liebe zu Christus zunehmen, wird sich dies in ihrer pastoralen Fürsorge für ihre Familien zeigen. Mit Sicherheit wird sich dann durch derartige Lebendigkeit auch der öffentliche Gottesdienst am Tag des Herrn verändern.

4. Der geistliche Niedergang in unserem Land

Hören wir Josuas herausfordernde Worte an die Nation Israel:

> So fürchtet nun den HERRN und dient ihm in Aufrichtigkeit und Treue! Und tut die

> Götter weg, denen eure Väter jenseits des Stroms und in Ägypten gedient haben, und dient dem HERRN! Ist es aber übel in euren Augen, dem HERRN zu dienen, dann erwählt euch heute, wem ihr dienen wollt: entweder den Göttern, denen eure Väter gedient haben, als sie noch jenseits des Stroms waren, oder den Göttern der Amoriter, in deren Land ihr wohnt! Ich aber und mein Haus, wir wollen dem HERRN dienen!
>
> Josua 24,14-15

Ich habe kein Problem mit dem, was ich einmal jemand sagen hörte: *»Wie es der Familie geht, so geht es der Gemeinde, und so geht es auch der Nation.«*

Vor vielen Jahren gab es in Grönland einen interessanten Brauch. Wenn ein Fremder an die Tür klopfte, fragte der Bewohner des Hauses jedes Mal: *»Wer ist da?«* Woraufhin der Fremde entgegnete: *»Ist Gott in deinem Haus?«* Wenn ihm mit *»Ja«* geantwortet wurde, trat er ein.[8]

Wenn heute jemand zu Ihnen nach Hause

käme und Ihnen dieselbe Frage stellen würde, was würden Sie darauf antworten? Ist Gott in Ihrem Haus? Ist er der Lebenspuls in Ihrer Familie? Wird *er* von jedem in Ihrer Familie hoch geschätzt? Oder sind zumindest alle auf dem Weg dahin, *ihn* mehr und mehr zu schätzen? Wird bei Ihnen zu Hause der Name Jesu Christi hoch erhoben?

Weshalb ist unser Volk so gottlos? Warum sind die meisten Gemeinden unserer Tage geistlich so gleichgültig? Warum sind heutzutage die Familien so vieler bekennender Gläubiger lediglich formale Hüllen um innere geistliche Zerrissenheit? Die Bibel lehrt uns, dass einer der Hauptgründe für diesen schmerzlichen Niedergang darin besteht, dass es in unseren Gemeinden im Allgemeinen keine Männer gibt, die so wie Josua entschlossen sind, ihre Familien täglich in der Anbetung des lebendigen Gottes zu leiten.

Paulus ermahnte die Männer in der Gemein-

[8] Thomas Watson und Samuel Lee, *The Bible and the Closet* (Harrisonburg, VA: Sprinkle Publications, 1992 [1842]), S. 7.

de in Korinth: »*Seid mannhaft!*« (1. Korinther 16,13). In unserer Zeit wird wahre Mannhaftigkeit auf eine fleischlich verkehrte Weise neu definiert.

Doch die Bibel beschreibt das wahre Haupt der Familie als jemanden, der seine Familie in der täglichen Anbetung des lebendigen Gottes leitet (Epheser 6,4). Und wenn Sie sich nicht sicher sind, wie dies geschehen soll, ist es wenigstens Ihr Wunsch, es zu lernen? Genügt Ihnen das Nachdenken über das ewige Wohlergehen der Seelen unter Ihrem Dach, damit auch Sie Ihrer Pflicht nachkommen möchten?

Die Schrift lehrt, dass die Gemeinde die Hauptursache dafür ist, ob viele Männer wie wahre Männer handeln werden. Wenn die Gemeinde beginnt, eine Gemeinde zu sein, die von Männern mit geistlichem Rückgrat geleitet wird, die wiederum auch derartige Männer hervorbringen, dann können wir erwarten, dass dies schließlich eine anhaltende Auswirkung auf die gesamte Christenheit haben wird!

Warum richtet Gott im Augenblick unser Volk? Einzelne Familien innerhalb der Gemeinden unseres Landes sind den gottlosen Wegen der Welt gefolgt und haben die tägliche Familienandacht in ihren Familien aufgegeben! Daher ist die Gemeinde verweltlicht. In Jeremia 10,25 heißt es:

> Gieße deinen Grimm über die Nationen aus, die dich nicht kennen, und über die Geschlechter [= Familien], die deinen Namen nicht anrufen! ...

Warum?

> ... Denn sie haben Jakob gefressen, ja, sie haben ihn gefressen und ihn vernichtet und seinen Weideplatz öde gemacht.

Gott sagt, dass die Familien zusammengenommen Nationen sind. Und wenn Nationen unter Gericht sind, kann dies zurecht darauf zurückgeführt werden, dass sie weithin nicht als Familien den lebendigen Gott verehren! Deshalb kommt Gottes Zorn auf die Familien eines Volkes. Tatsächlich läuft eine derartige geistliche Vernachlässigung von Seelen in den Familien darauf hinaus, dass ein Volk sich verzehrt, ausbrennt und darniederliegt!

Aber solcher Zorn ist auch die Folge der Sünde der Selbstsucht. In Römer 14,7-9 lesen wir:

> Denn keiner von uns lebt sich selbst, und keiner stirbt sich selbst. Denn sei es auch, dass wir leben, wir leben dem Herrn; und sei es, dass wir sterben, wir sterben dem Herrn. Und sei es nun, dass wir leben, sei es auch, dass wir sterben, wir sind des Herrn. Denn hierzu ist Christus gestorben und wieder lebendig geworden, dass er herrsche sowohl über Tote als auch über Lebende.

Weshalb starb Christus? Er starb, um ein Volk hervorzubringen, das sich für ihn verzehrt – Leute, die nicht für sich selbst leben, sondern als Diener für andere, besonders wenn sie ihre Aufgabe in der Entfaltung von Gottes Erlösungsplan erkennen. Wenn Sie Ihre Kinder so erziehen, dass sie Gott kennen, vergessen Sie dabei nicht, dass auch sie eines Tages Eltern sein werden. Auch sie werden ihre Kinder erziehen – Ihre Enkel – die wiederum Ihre Urenkel erziehen werden! Gott richtet nicht nur uns in unseren Tagen. Er wird auch sie in ihren Tagen richten.

Los geht's!

1. *Wie kann man bei sich zu Hause eine Familienandacht einrichten, und wer soll daran teilnehmen?*

Wenn die Familienandacht mit Erfolg eingerichtet werden soll, sollten Vater und Mutter an einem Strang ziehen und gleichermaßen davon überzeugt sein, dass sie Priorität besitzt, und gemeinsam danach trachten, dass sie dauerhaft Bestand hat. Mit anderen Worten: Idealerweise entspringt die gemeinsame Anbetung Gottes als Familie individuellen Herzen, die das aufrichtige Verlangen haben, Jesus in ihrer Familie zu erhöhen. Wenn man zu Hause eine Familienandacht einrichtet, beginnt man mit einer Überzeugung und schreitet dann zur Tat.

Die Familienandacht muss als integraler Bestandteil der täglichen geistlichen Pflichten jeder Familie verstanden werden. Aber denken Sie daran: Ausdauer und Flexibilität sind Schlüssel für ihren dauerhaften Bestand. Um Frustration und schließlich das Scheitern zu vermeiden, ist es dringend notwendig, dass der Vater als Haupt der Familie erkennt, wie der tägliche Gottesdienst am besten in seiner eigenen Familie praktiziert werden kann.

An der Familienandacht nehmen alle teil, die zu einer bestimmten Familie gehören. Mit anderen Worten können dies ein junger Mann mit seiner Frau ohne Kinder sein oder ein älteres Ehepaar, deren Kinder bereits aus dem Haus sind. Sowohl gläubige als auch (so weit dies möglich ist) ungläubige Ehepartner gehören dazu, und ganz gewiss kann die Familienandacht auch von einem Elternteil allein geleitet werden (Apostelgeschichte 16,1).

Alle Kinder, die zu Hause leben, gehören dazu, egal wie alt sie sind. Alle können großen geistlichen Nutzen daraus ziehen, sogar die ganz Kleinen. Allein dadurch, dass sie zuhören und beobachten, lernen sie, dass der

Gottesdienst die erste Stelle in ihrem Leben einnimmt. Bedenken Sie, dass die Familienandacht zu dem Mittel werden kann, das sie zu Christus bringt (2. Timotheus 3,15). Die Familienandacht bietet ihnen zu Hause ein Forum für wohltuendes und wohlüberlegtes Nachdenken, gegenseitigen Austausch, Verarbeiten und hoffentlich Anwenden der wichtigsten Dinge für das ewige Wohlergehen ihrer Seelen.

2. *Wo soll die Familienandacht stattfinden?*

5. Mose 6,7 lässt uns in diesem Bereich viel Freiheit:

> Und du sollst sie deinen Kindern einschärfen, und du sollst davon reden, wenn du in deinem Hause sitzt und wenn du auf dem Weg gehst, wenn du dich hinlegst und wenn du aufstehst.

Noch einmal muss die besondere Lebenssituation einer Familie bedacht werden. Die häusliche Umgebung ist die beste Voraussetzung

zung für Beständigkeit, Flexibilität, Stabilität und unmittelbare Verfügbarkeit. Unsere Familie hat schon an vielen Orten gemeinsam Familienandacht gehalten: in einem beliebten Park, auf einem wunderschönen Friedhof in der Nähe ebenso wie in unserem Wohnzimmer, Familienzimmer, verschiedenen Schlafzimmern und selbst in unserem Garten. Jeder dieser Orte bietet uns eine erfrischende Abwechslung zu unserem gewöhnlichen täglichen Ablauf am Küchentisch, nachdem das Frühstück oder Abendessen abgedeckt wurde. Wir halten unsere Familienandacht auch gerne in unserer Familienbibliothek, wo wir oft jeder für sich oder alle gemeinsam etwas lesen.

3. Wann hält man die Familienandacht?

Ganz allgemein sollte in einer geistlich gesunden Familie ständig Gottesdienst sein (5. Mose 6,6-9). Aber es ist äußerst wichtig, eine bestimmte regelmäßige Zeit zu haben, die in jeden besonderen Tagesablauf hineinpasst. Für einige Familien ist es am Morgen nicht möglich; sie wählen einen Zeitpunkt nach dem Abendessen. Für andere ist der günstigste Zeitpunkt nach dem Frühstück. Für die meisten Familien gibt es wohl am Morgen die wenigsten Unterbrechungen. (Die meisten Telefonate und Besuche finden eher am Abend statt.) Aber wenn Sie nicht flexibel sind und hartnäckig alles bedenken, was das Leben an einem typischen Tag mit sich bringen mag, dann werden sie frustriert aufgeben, nachdem Sie gerade mal aus den Startlöchern gekommen sind! Denken Sie auch hier daran: Beständigkeit, Flexibilität, Stabilität und unmittelbare Verfügbarkeit sind die wichtigsten Faktoren.

4. *Die drei entscheidenden Bestandteile der Familienandacht*

Dem Vater (oder dem Haushaltsvorsteher), der die Familienandacht leitet, stehen in erster Linie dieselben Elemente zur Verfügung wie im wöchentlichen öffentlichen Gottesdienst: Gesang, Gottes Wort und Gebet. Diese drei sind die wichtigsten und sollten auf jeden Fall immer dabei sein.

(1) Familienandacht mit Gesang

Der Herr will im Gesang verherrlicht werden. In Psalm 69,31 heißt es: »*Loben will ich den Namen Gottes im Lied und ihn erheben mit Dank.*« In der Familienandacht sollten wir unsere Familie dazu anleiten, dem Herrn zu singen, denn es gefällt ihm, wenn wir ihn preisen! Für diejenigen, die den Eindruck haben, dass sie nicht singen können oder dass sie keine musikalische Begabung haben, gibt es Mittel, die ihnen helfen können, Musik zu einem lebendigen Teil ihrer täglichen Familienandacht zu machen. Singen Sie häufig die Lieder, die Ihre Kinder in der Sonntagsschule oder bei anderen Gelegenheiten mit ihren Freunden gelernt haben.

Die Psalmen, Lieder und geistlichen Lieder, die oft in den öffentlichen Gottesdiensten Ihrer Gemeinde gesungen werden, sollten auch gesungen werden. Stellen Sie sich nur einmal vor, wie sehr der Gemeindegesang am Tag des Herrn verbessert würde, wenn mehr Familien gemeinsam in ihren Häusern Gott Lob singen würden! Eine andere gute Möglichkeit, jede Familienandacht zu beschließen, besteht darin, dass man die Doxologie oder ein anderes Segenslied singt. Martin Luther unterstrich den Stellenwert, den er der Musik im Gottesdienst einräumte – sei es zu Hause oder in der versammelten Gemeinde –, als er sagte: »Und ich urteile rundheraus und scheue mich nicht zu behaupten, dass es nach der Theologie keine Kunst gibt, die der Musik gleichgestellt werden könnte.«[9] Und: »Ich gebe nach der Theologie der Musik die nächste Stelle und die höchste Ehre.«[10]

(2) Familienandacht mit Gottes Wort

Die biblische Unterweisung steht im Mittelpunkt. Das Wort Gottes nimmt in der Familienandacht die zentrale Stellung ein. Hier-

[9] Martin Luther, »1530«, *Die Werke Martin Luthers in neuer Auswahl für die Gegenwart*, Bd. 10, Hg. Kurt Aland (Göttingen: Vandenhoeck und Ruprecht, 1991): S. 219.

[10] Martin Luther, »Der Christ in der Welt«, *Die Werke Martin Luthers in neuer Auswahl für die Gegenwart*, Bd. 9, Hg. Kurt Aland (Göttingen: Vandenhoeck und Ruprecht, 1991): S. 266.

bei sollte es unser Ziel sein, unseren Familienangehörigen dabei zu helfen, eine Liebe zu Gottes Wort zu entwickeln, verbunden mit der Hoffnung, dass sie anfangen, von jedem Wort der Bibel zu leben (Matthäus 4,4).

Vergessen Sie nicht, dass Gottes Wort in Ehrfurcht und kreativ sehr anschaulich gelehrt werden soll. Bemühen Sie sich, ihre Kinder niemals mit Ihrer Darbietung von Gottes Wort zu langweilen. Überlegen Sie sich gut, wie Sie die Hauptgedanken illustrieren oder bildhaft nachzeichnen können. Stellen Sie viele einfache Fragen (gewürzt mit ein paar wenigen schwierigen, damit sie etwas haben, worüber sie intensiv nachdenken können!). Sie werden überrascht sein, dass Kinder sehr wohl in der Lage sind, Ihren Belehrungen zu folgen. Pflegen Sie einen hohen Standard, und Gott wird sie befähigen, diesen auch zu erreichen. Bemühen Sie sich darum, dass jede Lehrzeit eine Lektion beinhaltet, die sie sich merken können.

Es gibt eine große Bandbreite unterschiedlicher Möglichkeiten, wie Gottes Wort Ihrer Familie vermittelt werden kann:

1. Durch das unmittelbare Lesen aus der Bibel nach einem bestimmten Plan.

2. Durch das Vorlesen einer guten Kinderbibel.

3. Durch den Gebrauch eines Katechismus. Dies ist eine sehr erfolgreiche Methode, biblische Wahrheit durch einfache Fragen und Antworten zu lehren.

4. Durch das Auswendiglernen und Aufsagen von Bibeltexten.

5. Durch das Vorlesen eines guten erbaulichen Bibelkommentars.

6. Durch das Vorlesen von guten christlichen Klassikern wie John Bunyans *Pilgerreise.* (Stellen Sie sicher, dass Sie Ihre Bibel vor sich haben, um die biblischen Wahrheiten zu erforschen, die Ihnen auf jeder Seite entgegenspringen!)

7. Durch das Vorlesen von christlichen Biografien, historischen Erzählungen oder theologischen Romanen.

Vielleicht halten sich auch hier einige Väter für ungeeignet, aber dort, wo Gott eine Verantwortung gegeben hat, gibt er auch die Fähigkeit, diese zu erfüllen. Für den Vater, der sich aufrichtig darum müht, gilt: Wo ein Wille ist, ist auch ein Weg!

> Gott hat es so geordnet, dass Kinder in ihren prägenden Jahren natürlicherweise zu ihren Vätern aufblicken, um ihnen nachzueifern, da die Väter diejenigen sind, die sie beschützen und für sie sorgen.

(3) Familienandacht mit Gebet

Gebete sollen im Namen Jesu dargebracht werden. Wir sollen unsere Kinder lehren zu beten, nicht nur durch unser Vorbild und die Worte, die wir in unseren Gebeten gebrauchen, sondern auch dadurch, dass wir sie darüber informieren, wofür sie beten können. Beten Sie oft für die Nöte Ihrer Familie und ihrer Verwandter (besonders für die Ungläubigen), für die Nöte von Familien in Ihrer Ortsgemeinde, die geistlichen Nöte unseres Volkes und für die schlimmen Nöte einer verlorenen Welt (sowohl lokal als auch international). Diese Liste ließe sich unendlich fortsetzen! Denken Sie daran, dass wir unsere Kinder lehren, kleine Schritte auf Gott zuzugehen, wenn wir im Gebet unsere eigene Abhängigkeit von Gott zum Ausdruck bringen.

5. Wie lange soll es dauern?

Dies hängt von einer Reihe von Faktoren ab: Wie viele Kinder gibt es in welcher Altersspanne, und wie lange können sie in einer Gruppe aufmerksam sein? Einige Eltern mit kleinen Kindern halten vielleicht zehn Minuten für gerade recht, da ihre Familie eben erst damit begonnen hat, eine tägliche Familienandacht einzurichten. Andere haben vielleicht nicht mehr als zehn Minuten Zeit, obwohl sie gerne mehr Zeit verwenden würden. Manche Familien können dreißig Minuten gewinnbringend füllen. Ein gutes Ziel, das man sich vornehmen sollte, sind fünfzehn bis zwanzig Minuten. Wie auch immer Ihre zeitlichen Möglichkeiten aussehen mögen, stellen Sie sicher, dass es eine Zeit ist, in der Sie sich als Familie auf den lebendigen Sohn Gottes ausrichten.

> Die Familienandacht sei kurz, schmackhaft, einfach, klar, liebevoll, himmlisch.
>
> – Richard Cecil

6. *Wie wird die Familienandacht wirksam?*

Die Familienandacht bietet viele Vorteile für Eltern, die ihre Kinder mit dem Evangelium erreichen wollen. Zum einen hat Gott es so geordnet, dass Kinder in ihren prägenden Jahren natürlicherweise zu ihren Vätern aufblicken, um ihnen nachzueifern, da sie diejenigen sind, die sie beschützen und für sie sorgen. Bevor die schweren Angriffe der Welt über sie hereinbrechen, sind sie bereits ganz natürlich geneigt, auf ihre Eltern zu hören, besonders auf ihre Väter. In ihren prägenden Jahren hören sie dem Präsidenten nicht aufmerksamer zu als ihren Eltern. Sie hören und verinnerlichen die allgemein akzeptierten sozialen Normen erst, wenn sie ins Jugendalter kommen. Im Grunde sagen sie stattdessen zu ihren Eltern: »Formt mich – vermittelt mir, was euch am meisten am Herzen liegt.«

Doch sehr häufig durchschaut ein Kind das religiöse Mäntelchen seiner Eltern und findet heraus, was ihnen wirklich kostbar ist! Es erkennt Herzenshaltungen, die sie nach Wohlstand streben lassen, nach Freizeit, Sport, Unterhaltung, Fernsehen, Einkaufen oder religiöser Geschäftigkeit. Ein Kind kann es leicht erkennen, wenn diese Dinge für seine Eltern reizvoller sind als die Hingabe an Jesus Christus! Wenn dies wirklich so ist, wird ein Kind eben diese Neigungen verinnerlichen – zum Schaden für seine eigene Seele!
Wenn jedoch Kinder sehen, wie ihre Eltern Gott nacheifern – Eltern, aus denen ständig die Bibel hervorsprudelt und die wegen allen Dingen zu Gott beten – Eltern, die ein ausge-

wogenes Verhältnis zu berechtigter Erholung haben und danach streben, alles zu tun, was Gott verherrlicht – von diesen Kindern kann man erwarten, dass sie dieselbe Ausgewogenheit annehmen. Was immer oder wer immer ihnen kostbar ist, dasselbe wird ihren Kindern kostbar sein.

Beachten Sie dieses Prinzip, das man aus 1. Timotheus 4,16 ableiten und auf jeden Vater anwenden kann:

> Habe acht auf dich selbst und auf die Lehre; beharre in diesen Dingen! Denn wenn du dies tust, so wirst du sowohl dich selbst erretten als auch die, die dich hören.

Auf der Grundlage von Gottes Wort stehen Väter in der Verantwortung, Hirten oder Pastoren ihrer eigenen Familien zu sein. Daher betrifft dieser Text, zumindest prinzipiell, Väter ebenso wie die Ältesten einer Ortsgemeinde. Väter sollten daher ganz besonders auf sich selbst Acht haben, sowohl was ihren persönlichen Gottesdienst (»Stille Zeit«) angeht als auch im Blick auf ihr Lehren in der Familienandacht. Möglicherweise liegt der wahre Grund, warum Väter ihre Familien nicht in der täglichen Anbetung Gottes leiten, darin, dass sie keine persönliche tagtägliche Herzensbeziehung mit Gott pflegen. Sie sind keine Priester, weil sie Gottes Wort nicht zum Wohl ihrer eigenen Seele studieren, geschweige denn für ihre Familien regelmäßig im stillen Kämmerlein Fürbitte halten. Aus diesem Grund verwundert es nicht, warum so viele Familien in geistlicher Unordnung sind.

John Geree schrieb dies 1646 über einen typischen puritanischen Vater:

> Er bemühte sich, seine Familie zu einer Gemeinde zu machen, sowohl was die Leute angeht als auch die Praktiken; er ließ keinen anderen hinein als allein diejenigen, die Gott fürchteten; und er mühte sich, dass diejenigen, die in ihr geboren wurden, in Gott wiedergeboren werden möchten.

Den Puritanern war das Familienleben ungeheuer wichtig:

> … eine Familie ist der Same der Gemeinde und des Staates, und wenn die Kinder hier keine guten Grundsätze vermittelt bekommen, scheitert alles.

Daher:

> … haltet die Herrschaft Gottes in Euren Familien aufrecht: heilige Familien sind die Hauptverantwortlichen, um die Religion in der Welt zu bewahren.[11]

> Nur ein Jünger kann einen Jünger machen.
>
> – A. W. Tozer

Haben Sie schon einmal darüber nachgedacht, dass Ihre Familien dem Wesen nach kleine Bibelschulen sind? Wer gibt ihnen ihre geistliche Unterweisung? Der theologische Lehrer des Seminars, ihr Vater (Sprüche 22,6; Epheser 6,4). Nur, wie soll er das

[11] J. I. Packer, *Quest for Godliness* (Wheaton: Crossway Books, 1990), S. 270.

schaffen? In erster Linie dadurch, dass er seine Familie täglich in der Anbetung des lebendigen Gottes anleitet. Der große französische Reformator J. H. Merle d'Aubigne macht diese herausfordernde Feststellung:

> Meine Brüder, gibt es in euren Herzen einen Altar, der für den einzig lebendigen und wahren Gott aufgerichtet ist? Seid ihr der Tempel Gottes, und lebt der Geist Gottes in euch? So lange in euren Seelen kein Altar für Gott aufgerichtet ist, kann es keinen in euren Familien geben.[12]

Jetzt ist es an der Zeit für gläubige Eltern, eine tägliche Familienandacht einzurichten, selbst wenn es für die meisten Leute im modernen Evangelikalismus ein fremdartiges Konzept ist. Eltern und ganz besonders die Väter müssen erkennen, dass sie die Hauptverantwortlichen für die geistliche Erziehung ihrer Kinder sind – nicht die Sonntagsschullehrer, Jugendmitarbeiter oder die Pas-

[12] J. H. Merle d'Aubigne, *Family Worship* (Dallas: Presbyterian Heritage Publications, 1989 [1827]), S. 25.

toren. Beginnen Sie daher ohne zu zögern damit, die Ihnen von Gott gegebene Verantwortung wahrzunehmen, Ihre Kleinen zu Gott zu führen!

7. Die Wiederbelebung der Familienandacht

Zweifelsohne kommen viele von uns aus Familien, die den Heiland eher verfluchten als ihn verherrlichten. Andere sind vielleicht in pseudochristlichen Familien aufgewachsen, in denen man nur am Sonntag für ein paar Stunden über Christus sprach. Wieder andere kommen aus Familien, die dem Licht, das sie hatten, treu waren, die aber dennoch nichts von einer Familienandacht wussten und auch kein biblisches Vorbild dafür hatten. Seien Sie nicht entmutigt. Seien Sie vielmehr dazu entschlossen, durch die Gnade Gottes ein Katalysator für diese Generation zu sein, um sie zur Umkehr zu bringen (Apostelgeschichte 13,36).

Möge es Gott gefallen, sich eine Generation von Josias zu erwecken, die auf eine Generation von Manasses folgt (2. Chronik 34-34; 2. Könige 22,1-23.28). Familien, die Gott anbeten, können Gemeinden verändern – ja, sogar Nationen (Ps 22,28)!

Möge unser anhaltendes Gebet zu Gott sein, dass er dieses Land noch einmal mit Gemeinden übersät, wie die puritanische Gemeinde in Dorchester, Massachusetts, es war, deren Glieder 1677 folgende Resolution verabschiedeten:

> Als Gemeinde von Dorchester in Massachusetts schließen wir miteinander einen Bund, unsere Familien zu reformieren, indem wir uns zu einer gewissenhaften Fürsorge verpflichten, in unseren Familien einen Gottesdienst aufzurichten und beizubehalten, und dazu, in unseren Familien mit gereinigten Herzen zu leben. Wir sind entschlossen, dass wir treu alle häuslichen Pflichten erfüllen wollen, indem wir danach trachten, unsere Kleinen und unsere ganzen Familien dazu zu erziehen, sie zu unterweisen und von ihnen zu verlangen, die Wege des Herrn zu suchen und zu bewahren.[13]

Möge der lebendige und wahre Gott uns dieselbe Entschlossenheit geben und uns in seiner Gnade die geistliche Erweckung schenken, die wir so dringend brauchen.

> O HERR, ich habe deine Botschaft vernommen; ich bin erschrocken. O HERR, belebe dein Werk inmitten der Jahre! Inmitten der Jahre offenbare dich! Im Zorn sei eingedenk deiner Barmherzigkeit!
>
> Habakuk 3,2

> Wenn die Eltern nicht erkennbar aufrichtig sind, kann man dies vom Kind auch nicht erwarten.
>
> – John Angell James

[13] Leland Ryken, Worldly Saints (Grand Rapids: Zondervan, 1986), S. 80.

Buchempfehlung

John Piper
Ihn verkündigen wir
Die Zentralität Gottes
in Predigt und Verkündigung

Betanien Verlag
Paperback, 126 Seiten
ISBN 3-935558-73-2
8,50 Euro

»Hier haben wir ein Buch, das jeder Prediger mindestens einmal im Jahr lesen sollte. Es ist ein wirksames Gegenmittel gegen die unausgewogene, selbstzentrierte Verkündigung von heute.«

Erwin W. Lutzer

»Die Bibel ist kein Buch mit praktischen Tipps, wie man ein besseres Leben führen kann. Die Bibel ist die Offenbarung Gottes. Dieses Buch erinnert Prediger an das, was wir so schnell vergessen und womit sie sich selbst ebenso wie ihren Zuhörern schaden.«

Haddon Robinson

»Eine dringend notwendige Korrektur zu dem [heute üblichen] Abklatsch homiletischer Speise, der oberflächlich, aufgeschäumt und unterhaltsam ist. John Piper hat mich veranlasst, meine Aufgabe und meine Verkündigung neu zu überdenken. Ich möchte, dass die Zuhörer die Größe und Herrlichkeit Gottes sehen!«

Daniel J. Baumann

Weitere Bücher vom Betanien Verlag

Jim Berg: ***Verändert in sein Ebenbild***
Gottes Plan zur Umwandlung deines Lebens
Paperback · 196 S. · ISBN 3-935558-71-6 · 12,90 EUR
Ein Arbeits- und Studienbuch für junge Gläubige, die ernsthaft Jesus Christus nachfolgen und ganz praktisch in sein Ebenbild verwandelt werden wollen. 13 Lerneinheiten mit jeweils fünf Tageslektionen.

John MacArthur: ***Die lebendige Gemeinde***
Der Plan des Baumeisters für seine Gemeinde
Paperback · 320 S. · ISBN 3-935558-53-8 · 12,50 EUR
Ein motivierendes und erweckendes Handbuch zum Gemeindeleben und zur Gemeindeleitung. Schwerpunkte sind: Wesen und Berufung der Gemeinde, geistliche Qualifikationen von Ältesten und Mitarbeitern, Gemeindezucht, Gefahr von Irrlehre uvm.

Benedikt Peters: ***Der unausforschliche Reichtum des Christus*** · *Der Epheserbrief und die Gnadenlehre*
Paperback · 158 S. · ISBN 3-935558-69-4 · 8,50 EUR
Eine abschnittsweise, allgemeinverständliche und zugleich tiefschürfende Auslegung des Epheserbriefes. Besonders wertvoll sind die drei lehrreichen Anhänge über Erwählung, Verdorbenheit des Menschen und die Gnadenlehre bei Paulus.

Irving Jensen: ***Das Leben Jesu***
Ein chronologischer Gang durch die vier Evangelien
Paperback · 126 S. · ISBN 3-935558-55-4 · 7,50 EUR
Jeder Christ sollte mit dem Leben und Wirken Jesu bestens vertraut sein und auch die Reihenfolge und geschichtlichen Zusammenhänge kennen. Jensens Kurs mit vielen hilfreichen Tabellen und Diagrammen vermittelt den Überblick und Freude am Bibelstudium.